MW01628669

I mea aha ke kai?

What is the kai for?

KĀKAU ʻIA NA
Lilinoe Andrews

KAHA KIʻI ʻIA NA
Brook Kapūkuniahi Parker

Ka Papa Hoʻopuka ʻo Kamehameha
Kamehameha Publishing
Honolulu

KAMEHAMEHA SCHOOLS

Paʻi mua ʻia ma ka makahiki 1989 na ka ʻAha Pūnana Leo

First edition published in 1989 by ʻAha Pūnana Leo

Ka Papa Hoʻopuka ʻo Kamehameha
Kamehameha Publishing
567 South King Street
Honolulu, Hawaiʻi 96813
www.kamehamehapublishing.org

Book design by: Suganuma Creative
Print production: Penmar Hawaiʻi Corporation
Printed in: Guangzhou, Guangdong, China
Date of printing: February 2011
Job number: 11-6632-B
ISBN 978-0-87336-253-5

16 15 14 13 12 11 1 2 3 4 5

I mea aha ke kai?

What is the kai for?

Nui ka leʻaleʻa ke hele ʻoe i ke kai!
Hiki iā ʻoe ke ʻauʻau kai, heʻe nalu, a lawaiʻa.

You can have a lot of fun
when you go to the kai!
You can swim, surf, and fish.

**Akā, ua noʻonoʻo mai paha ʻoe,
i mea aha ke kai?**

But have you ever wondered
what the kai is for?

I mea ho‘opulu i ka limu.
I mea aha ka limu?

The kai wets the limu.
What is the limu for?

I mea hānai i nā iʻa liʻiliʻi.
I mea aha nā iʻa liʻiliʻi?

The limu feeds the little iʻa.
What are the little iʻa for?

I mea hānai i nā iʻa nui.
I mea aha nā iʻa nui?

The little iʻa feed the big iʻa.
What are the big iʻa for?

I mea hānai i ke kanaka.
I mea aha ke kanaka?

The big iʻa feed the kānaka.
What are the kānaka for?

I mea mālama i ka ʻāina.
I mea aha ka ʻāina?

The kānaka care for the ʻāina.
What is the ʻāina for?

I mea hoʻoulu i nā kumulāʻau.
I mea aha nā kumulāʻau?

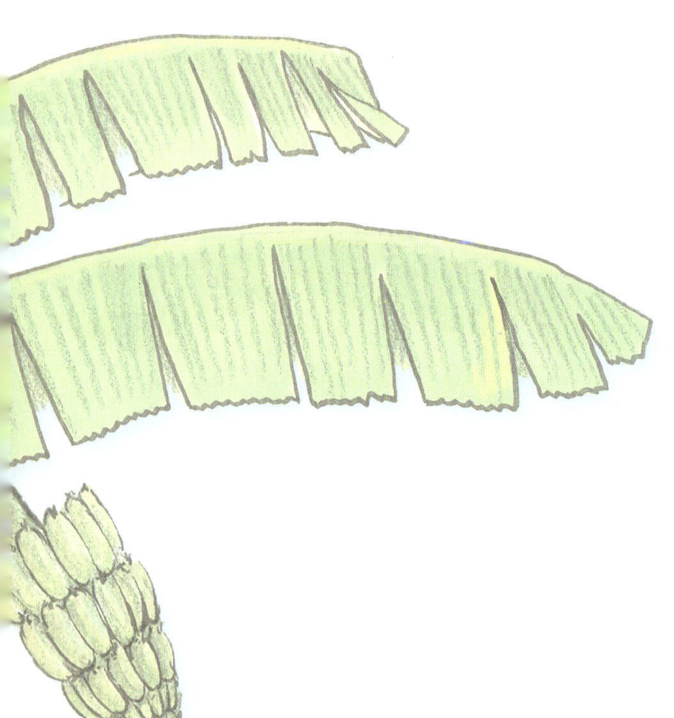

The ʻāina grows the kumulāʻau.
What are the kumulāʻau for?

I mea hana i ke ea.
I mea aha ke ea?

The kumulāʻau make the air.
What is the air for?

I mea hoʻolana i nā ao.
I mea aha nā ao?

The air floats the ao.
What are the ao for?

I mea hana i ka ua.
I mea aha ka ua?

The ao make the ua.
What is the ua for?

I mea hoʻopiha i ke kai.
I mea aha ke kai?

The ua fills the kai.
What is the kai for?

Ka Papa Huaʻōlelo — Glossary

ʻāina . . . . land

ao . . . . cloud

iʻa . . . . fish, sea creatures

kai . . . . ocean

kanaka . . . . a person, a human

kānaka . . . . plural form of kanaka, sometimes meaning all of humankind, or all people

kumulāʻau . . . . a general term for tree

limu . . . . seaweed, algae

ua . . . . rain

He Mau Haʻawina ʻŌlelo Hawaiʻi – Hawaiian Language Lessons

I mea aha ke kai includes repeated patterns for beginning language learners to study and compare. Here are some explanations and practice examples.

Expressing *Very* with Adjectives

To say something is very good, very fragrant, or very pretty, start off the sentence with ***nui*** (great, much), as in ***Nui ka leʻaleʻa*** (It's very enjoyable).

A helpful formula

Nui + descriptive phrase = a statement that it is very ____________.

Putting the formula to use

Using the descriptive phrases below, how would you say, "It's very ____________."

ka ʻaʻala	fragrant, sweet smelling
ke akamai	smart, intelligent
ka wela	hot

Answers: *"Nui ka ʻaʻala." "Nui ke akamai." "Nui ka wela."*

He Mau Haʻawina ʻŌlelo Hawaiʻi – Hawaiian Language Lessons

Asking What Something is For

To ask what something is for, start off the sentence with ***I mea aha.***

A helpful formula

I mea aha + noun phrase = a question asking what something is for.

Putting the formula to use

Using the noun phrases below, how would you ask what is __________ for?

ke kumu	the teacher
ka lā	the sun
ka pua	the flower

Answers: *"I mea aha ke kumu?" "I mea aha ka lā?" "I mea aha ka pua?"*

Replying to the Question *What is it for?*

You can reply to the question by making small changes to the pattern.

A helpful formula

I mea + verb (action word) + i + noun phrase (object) = a statement of what something is for.

Putting the formula to use

How would you reply to the questions above about ***ke kumu, ka lā,*** and ***ka pua***?

I mea aha ke kumu?	What are teachers for? (Teachers are) To help (kōkua) students (ka haumāna).
I mea aha ka lā?	What is the sun for? The sun is for heating (hoʻomehana) the land (ka ʻāina).
I mea aha ka pua?	What are flowers for? Flowers are for decorating (hoʻonani) the house (ka hale).

Answers: *"I mea kōkua i ka haumāna." "I mea hoʻomehana i ka ʻāina." "I mea hoʻonani i ka hale."*

ʻElima Manaʻo

e kākoʻo ana i nā haʻawina o kēia puke

1. No ka ʻŌpio

Hōʻike ʻia ma kēia moʻolelo pehea e loaʻa ai ka meaʻai iā kākou. He aha kāu meaʻai punahele? No hea mai ia? He aha ka mea e pono ai ma ka ulu ʻana o ia meaʻai i mea e paiola ai, a i mea e ʻono ai hoʻi?

2. No ka ʻohana

He mea nui ka lawe ʻana ma ka nui e lawa kūpono ai ʻoe. He aha ka hopena ke lawe pau loa nā kānaka i ka limu, ʻaʻohe mea koe? He aha ana kā ka iʻa e ʻai ai? Pehea kākou e maʻa ai i ka lawe ʻana ma ka nui e lawa ai?

3. No ka papa kula

Hōʻike ʻia ma ka moʻolelo ka pōʻaiapuni wai, ʻo ia hoʻi, ka neʻe mau ʻana o ka wai a me ka loli ʻana o kona ʻano he kinopaʻa, he kinowai, a he kinoea. E kamaʻilio me kāu papa i ka waiwai o ka wai. I mea aha ka wai? No hea mai kā kākou wai inu? Pehea e hoʻohana ʻia ai ka wai i kēlā lā, kēia lā? He aha ka pili o ka wai me ke kuʻina meaʻai?

4. No ke kaiaulu

He mālama ʻāina ka hana a ke kanaka. He hoʻoulu meakanu ke kuleana o ka ʻāina. Na nā meakanu mai ke ea hanu, a pēlā aku ana nā ʻanuʻu o ka pōʻaiapuni ola honua. He aha ka hopena inā mālama ʻole ke kanaka i kona kuleana i loko o ka pōʻaiapuni? Pehea e hōʻoia ai ko ke kaiaulu i ka loaʻa mau o ke ea, ka meaʻai, a me ka wai e pono ai ke ola kanaka ʻana?

5. No ka lāhui

Ma ka noʻonoʻo Hawaiʻi, he pili ko ke kanaka me nā meaola a pau. ʻOiai, ʻo ke kanaka ka muli loa, he kuleana pōkiʻi kona. ʻOiai hoʻi, e ʻimi ke kanaka i kona wahi kūpono i loko o nā ʻōnaehana he nui o ke ao kūlohelohe, ʻaʻole hoʻi e hoʻāʻo e noho mana ma luna o nā mea a pau. He aha ka hana a ka lāhui Hawaiʻi e hana nei i kū i kēia noʻonoʻo ʻana? Ma ka hana hea kākou e kālele ai?

Five Tips

for applying the lessons of this book

1. ʻŌpio (children and youth)

This story tells about how we get our food. What is your favorite food? Where does it come from? What does it need so that it will be healthy and good to eat?

2. ʻOhana (extended family)

An important value in Hawaiian culture is to take only what you need. What would happen if kānaka took all the limu to eat? What would the little fish eat? How can we practice taking only what we need in our families?

3. Papa kula (classroom)

The cycle depicted in this story includes the water cycle, where water constantly moves and changes forms. Have your class discuss the importance of water. What is water for? Where does our water come from? How is water used in our everyday lives? How does water affect the food chain?

4. Kaiaulu (community)

Kanaka's kuleana is to take care of the ʻāina. The ʻāina's responsibilty is to grow plants. The plants make air, and on it goes through all stages of the cycle of life on earth. What would happen if kanaka did not do his part in the cycle? How can our communities ensure that we have the air, food, and water we need to survive?

5. Lāhui (people, nation)

In Hawaiian thought, humans are connected to all living things. Having been the last born, man is the younger sibling. This suggests that humans are to find balance in nature's many systems, not to dominate them. What is our lāhui doing to live in accordance with these ideas? Where do we need to place more focus?

ʻAHA PŪNANA LEO

E Ola Ka ʻŌlelo Hawaiʻi

Ua hoʻokumu ʻia ka ʻAha Pūnana Leo ma ka makahiki 1983 no ka hoʻōla ʻana i ka ʻōlelo Hawaiʻi ma ka hoʻonaʻauao kaiapuni ʻōlelo Hawaiʻi. Ma ka makahiki 1896, ua hoʻokumu ʻia he kānāwai e pāpā ana i ke aʻo ʻana ma ka ʻōlelo Hawaiʻi i loko o nā kula aupuni. Ma ka makahiki 1986, he kanaiwa makahiki ma hope o kona hoʻokumu ʻia, ua kāpae ʻia ia kānāwai.

Ua ulu aʻe ka ʻAha Pūnana Leo, nona nā kula kamaliʻi he ʻumikūmākahi, ʻekolu kula K–12 e kākoʻo ʻia nei, he papahana haʻawina kālā hele kulanui, a me nā papahana hoʻonaʻauao ʻē aʻe e paipai nei i ka hoʻohana ʻia o ka ʻōlelo Hawaiʻi ma kēlā lā kēia lā. E kele i ahapunanaleo.org no kekahi ʻike hou aʻe. E ola ka ʻōlelo Hawaiʻi!

ʻAHA PŪNANA LEO

The Hawaiian language lives

The ʻAha Pūnana Leo, Inc. was established in 1983 to revitalize the Hawaiian language primarily through schools taught entirely in Hawaiian. In 1896 a newly passed law banned the use of Hawaiian as a medium of education in Hawaiʻi's classrooms. After ninety years, this law was reversed in 1986.

The ʻAha Pūnana Leo has grown to include eleven preschools, the establishment and support of three K–12 sites, a scholarship program and other educational programs that promote the growth of Hawaiian as a daily language. For more information, visit ahapunanaleo.org. The Hawaiian language lives!

KAMEHAMEHA PUBLISHING

KA PAPA HOʻOPUKA ʻO KAMEHAMEHA

I Oha Nā Pua

Kākoʻo Ka Papa Hoʻopuka ʻo Kamehameha i ke ala nuʻukia o Nā Kula ʻo Kamehameha ma ka hoʻopuka a hoʻomalele ʻana aku i nā huahana ʻōlelo a moʻomeheu Hawaiʻi, a me nā huahana no ke kaiaulu i mea e hoihoi ai nā haumāna a e hoʻoikaika a hoʻoulu ai hoʻi i ke ola mauli Hawaiʻi.

Ua hoʻokumu ʻia Nā Kula ʻo Kamehameha i ka makahiki 1887 e ka hoʻoilina a Ke Aliʻi Bernice Pauahi Bishop, ka moʻopuna kuakahi a Ka Mōʻī Kamehameha ʻEkahi. Ua ʻikemaka Ke Aliʻi Pauahi i ka pōpilikia naʻauʻauā o ka poʻe Hawaiʻi, a noʻonoʻo ihola ʻo ia ʻo ka hoʻonaʻauao ka mea koʻikoʻi loa e hoʻoikaika a e hoʻōla ai i kona lāhui aloha. Ua lilo Nā Kula ʻo Kamehameha he ʻōnaehana kāʻokoʻa e mālama nei i ʻekolu mau kahua kula mai ka mālaaʻo a i ka papa ʻumikumamālua, he kanakolu a ʻoi kula kamaliʻi, a me nā polokalamu hoʻonaʻauao ma nā kaiaulu mai ʻō a ʻō o ka pae ʻāina. Hāʻawi pū aku Nā Kula ʻo Kamehameha i ke kālā kōkua haumāna ma nā polokalamu kūloko a kūwaho hoʻi o Kamehameha, a me ke kālā kākoʻo i nā kula hoʻāmana i nui a mano nā haumāna e kākoʻo ʻia ana ma ko lākou ʻimi naʻauao ʻana i kēlā me kēia makahiki.

KAMEHAMEHA PUBLISHING

Amplifying Hawaiian Perspectives

Kamehameha Publishing supports Kamehameha Schools' mission by publishing and distributing Hawaiian language, culture, and community-based materials that engage, reinforce, and invigorate Hawaiian cultural vitality.

Kamehameha Schools was established in 1887 by the estate of Princess Bernice Pauahi Bishop, the great granddaughter of Kamehameha I. Witnessing the catastrophic decline of the Hawaiian population, Pauahi anticipated that education would be the single, most effective remedy to strengthen and sustain her beloved people. Today, Kamehameha Schools is a comprehensive educational system that operates three K–12 campuses, more than thirty preschool sites, and community education programs throughout the state. Kamehameha Schools also provides financial aid, scholarships, and charter school funding to serve thousands of additional students each year.